PREMESSA

I seguenti episodi vogliono tentare di trasmettere esperienze fatte dall'autore, cercando di evidenziare ciò che è il vivere e fare attività in certi ambienti, a differenza di quanto si potrebbe percepire su di loro con il solo visitarli.

Ho passato molto tempo in Patagonia. Questa comprende tutta l'Argentina e Cile del Sud. Oltre 900.000 Km^2, circa due volte e mezza l'Italia e vi vivono in totale 1.700.000 abitanti, soprattutto raggruppati in poche città. Se fosse come l'Italia vi dovrebbero vivere 150 milioni di abitanti.

Con l'aggiunta di ricchezze naturali eccezionali sparse in tanti spazi immensi, sperduti ed isolati, risulta una delle terre maggiormente considerate per i viaggi più o meno di avventura. Io, per le mie attività, la ho girata da un estremo all'altro e vi ho vissuto. Certo non posso dire di conoscerla tutta, perchè sono ben cosciente di chissà quanto ci sarebbe da scoprire ancora. Però certamente posso affermare che ben pochi la conoscono come me, anche tra gli stessi locali.

L'interessante è che capendo certe cose grazie ad esperienze simili, poi si può capire molto più facilmente la vera essenza delle cose ovunque ci si trovi.

Così nell'ultimo capitolo, raccontando una mia esperienza di circa due anni nella selva tra Amazzonia e Mato Groso, in Bolivia vicino al Brasile. A parte di avere colori realmente di grande avventura, cerco di raccontare come con questa gente indigena, grazie ad un reciproco rispetto e comprensione, si sono creati legami di vera amicizia, con tanto da insegnare a tutti, direi soprattutto agli europei, come lo sono io, che dovrebbero ben riflettere ogni volta che, pensando a certe altre terre, pensano al "Terzo mondo"... che in realtà io non so dove sia.

Potrei raccontare di Uruguay, Perù, Cile, ed ora anche Messico, che sto frequentando, però per adesso mi fermo qui... se qualcuno arriverà a seguirmi fino al finale, realmente per me sarà un gran successo e non posso pretendere troppo!

I capitoli sulla Patagonia si riferiscono a fatti avvenuti intorno l'anno 2.000, mentre l'ultimo in Bolivia risale intorno all'anno 2005, ed il tutto è stato scritto a partire del 2010.

Indice

PARLANDO DELLA

PATAGONIA

Un regalo alla Patagonia, nel limite delle mie possibilità.

Un modesto contributo affinché la Patagonia sia un poco più conosciuta.

Sperando, peró, che rimanga sempre così come è, almeno nello spirito.

E´un regalo molto piú piccolo di tutto quanto la Patagonia fa a chi la conosce e cerca di capirla.

Tutto quanto raccontato è assolutamente vero.

LA VERA IMPORTANZA DELLE COSE

Per cercare di capire veramente un luogo non è sufficiente visitarlo, occorre viverci.

Tutti coloro che da tutte le parti del mondo vanno in Patagonia, rimangono impressionati, perché la Patagonia impressiona.

Quando tornano cercano di raccontare le loro avventure, l'esperienza fatta, si sentono con qualcosa di più rispetto agli altri consimili.

Le publicazioni di queste avventure sono innumerevoli e spesso anche interessanti, piene di bellissime foto, ... è difficile fare brutte foto in Patagonia...

Però la vera Patagonia non è questa. È lontano dai luoghi più rinomati e frequentati, è la più isolata, a volte ancora sconosciuta. È quella Patagonia che può insegnare molto di più che ad un semplice turista ... È quella Patagonia che Darwin disse: "In Patagonia non c'è nulla...". Però qui si equivocò di molto. Se vi fosse vissuto, invece di averla visitata, non avrebbe detto questo!

Lì, nel cuore della Patagonia non vive di certo molta gente.

Ci troviamo nel mezzo di pianure quasi sempre ondulate, di colline, che diventano sempre piú montagne andando verso la cordigliera andina. Siamo immersi in spazi aperti che fanno ve-dere orizzonti lontani, ancor piú lontani grazie all'aria sempre limpida. Non si tratta di orizzonti monotoni. Generalmente sono abbastanza vari, peró danno l'idea dell'infinito tutto uguale. Tanto che se ci spostiamo in un punto qualunque di questo orizzonte, anche da lí, la vista sarebbe praticamente la stessa tutto all'intorno.

Si tratta di campi nudi e rocce allo scoperto, che a volte sono loro che sembrano facciano a gara per mostrare i colori piú vivi e le forme piú strane.

Terra di nessuno, senza limiti. Almeno così sembra.

Il clima é semiarido. Piove molto poco e la vegetazione é specialmente adattata a questo clima; a lottare con il vento che é considerato come un elemento essenziale della Patagonia. Peró vi sono pure lunghi periodi senza il minimo alito, con un silenzio regnante, che rimane anche questo impresso come un ricordo indelebile. L'aria é sempre limpidissima; anche se fa freddo il Sole scalda. Soprattutto al Sud, d'inverno, tutto ció che é acqua, ghiaccia. Possiamo avere i 20-30 gradi sotto zero, però è incredibile il calore, soprattutto estivo, pensando che siamo tanto al Sud. É quel tipico clima, come di alta montagna, ove molte volte anche se c'é freddo, non lo si sente.

La vegetazione è sempre diradata ed a livello del suolo; soprattutto al sud gli arbusti sono pochi e piccoli. Non ci sono alberi, a meno di quei pochi che sono riusciti a sopravvivere, tra i pochi piantati dall'uomo intorno alle rarissime "estanzie", il piú delle volte abbandonate (si tradurrebbero "fattorie". Peró questa parola ha ben poco a che vedere con una "estanzia").

Anche questa vegetazione contribuisce al senso di spazi aperti della Patagonia, a quella definizione della Patagonia che danno praticamente tutti coloro che, venendo da altre parte del mondo, la visitano e ne capiscono qualcosa, che nella Patagonia infinita non c'è nulla. E questo fin dai secoli passati, a partire dallo stesso Darwin.

Ove tutto é infinitamente grande, peró tutto il piccolo é di estrema importanza.

La Patagonia prende tutti nei suoi spazi senza fine. Non solo lo scienziato che la visita con un bagaglio di cultura e di educazione e che, peró, per cercare di capirla, deve addentrarsi senza presunzione e con molta modestia. Questo, molte volte é l'errore piú grave di chi la visita che, allora, se ne andrá credendo di aver capito tutto; e ció é quando non ha capito nulla. Mai si puó capire tutto della Patagonia. Si puó capire sempre di piú, poco a poco. E spiegarlo sará molto difficile; per capirla sará necessario andarci a vivere.

Occorre andare in Patagonia non per mostrarsi e per poter dire di essereci stati; peró con lo spirito aperto a cercare di capirla. Ed allora essa ci insegnerá tanto, la vera importanza delle cose; ci insegnerá tanto anche di noi stessi. Poi il fatto di poter raccontare di essere stati in Patagonia, questo deve essere la cosa meno importante e, se la si capisce, quasi viene voglia di non farlo.

Dicevo che la Patagonia prende tutti in una forma spontanea ed instintiva. Anche all'uomo di campo, anche al "paesano". Cosí si chiamano tra loro i pochi patagonici che vivono nei pochi e piccoli paesi, sempre molto distanti l'uno dall'altro.

Io, come geologo, ho girato molto nella Patagonia del Nord, del centro e del Sud. Ormai posso dire che vi ho passato vari mesi. Ovviamente moltissimo mi resta da conoscere, molto di piú di quanto giá conosco. Ogni volta che ci torno, andando, penso che chissá, questa volta, dopo questi altri 15 giorni, questo altro mese o piú di permanenza, ne ritorneró con un'altra idea, un poco piú "annoiato". Peró non é cosí; ogni volta ne vengo via sempre piú attratto a restarvi, sempre piú interessato.

I "paesani" che a volte mi accompagnano, uomini della Patagonia, per esempio impiegati a livello di operai presso l'impresa mineraria della Provincia, persino loro, quando fumano nel mezzo di quei campi senza fine, ove ci si addentra col 4x4 ed anche a piedi, non buttano nel suolo neanche il mozzicone della sigaretta. Lo lasciano nell'auto o lo conservano in un pezzetto di carta o in qualunque altra maniera. Non credo proprio che qualcuno li abbia educati in tal modo, é tutto merito della Patagonia.

Se ci pensiamo bene tutte queste cure sono per non lasciare neppure una traccia tanto minima, in uno spazio tanto immenso ed in posti che forse mai furono calpestati da piede umano e chissá se e quando lo saranno nuovamente. Un mozzicone di sigaretta nessuno certamente piú lo vedrebbe. Ma non si tratta di un rispetto al nostro prossimo, bensí di un rispetto istintivo alla Patagonia.

Cosí é che quando col 4x4 lasciamo la pista, in esplorazione degli spazi circostanti, al ritorno istintivamente si cerca di rimettersi sulle stesse tracce dell'andata. Il semplice transito lascia una traccia nel terreno che comunque se ne andrá in alcuni giorni, a seconda del suolo, della vegetazione e delle condizioni metere-ologiche, vento e acqua essenzialmente. Peró, perché lasciare doppie tracce quando se ne puó lasciare una sola? Perché questo disturbo superiore al minimo che si puó arrecare?

E le tracce sono importanti, sono fatti molto importanti. Costituiscono a volte la ragione di grandi discorsi, di cose da raccontare, di incognite da risolvere. Qui non ha piú nessuna importanta quale partito politico vincerá le prossime elezioni o quale squadra di calcio guadagnerá la coppa. Queste cose sono totalmente dimenticate, peró il significato di quelle tracce che insolitamente si sono incontrate, questo sì che è importante. E non solo si parla di tracce nel campo, ma anche nelle piste che si per-corrono. Anche in esse il transito é cosí raro che una traccia invita a tutte le analisi. Mi ricordo quei films di "indiani" che con tanto piacere si vedono da ragazzi, dove gli stessi indiani interpretano le tracce e sono capaci di dire da esse chi é passato, quanti e quando. Sembra un poco fantasia di questi films, ma qui é realtá ed effettivamente, con un poco di

esercizio, anche noi impariamo a leggere tanto delle tracce, anche se nel nostro caso il piú delle volte si tratta di auto, ma anche di cavalli. Che tipo di auto, verso dove andava, da quanto tempo approssimativamente è passata: ben poco, poche ore, giorni, se é ritornata dalla stessa strada o no. Sono fatti molto importanti in questi luoghi ove un giorno è uguale all'altro.

La morfologia è tale che con una 4x4 si puó spaziare ampiamente e raggiungere la maggioranza dei posti. Peró generalmente nella Patagonia del centro-nord e nord é sensibilmente piú complicato per la presenza di cespugli spinosi, con delle spine legnose lunghe anche piú di 10 cm, durissime, che senza nessuna difficoltà perforano qualunque pneumatico ed entrano perfino nel legno. È abbastanza normale che turisti sprovveduti rimangano con varie ruote perforate, anche se i locali li avvisano, per evitare problemi, che potrebbero divenire molto seri. Proprio per questo, con tutte le attenzioni che si pongono e dato la gravitá che puó risultare il rimanere bloccati e tanto isolati, é frequente il viaggiare con tre ruote di scorta. Piú a sud la vegetazione é piú rada e mancano questi cespugli.

Noi, che giriamo in Patagonia "modernamente attrezzati",

all'inizio della giornata sintonizziamo la nostra ricetrasmittente ad onde corte alla frequenza ed alla ora conosciuta, per ascoltare dai guardaparchi delle aree protette delle Ande, i dati sulle condizioni del tempo nelle loro zone, anche a varie centinaia di chilometri di distanza, ed interpretare, secondo come soffia il vento, come potrá essere il tempo da noi piú tardi. Queste sono le notizie che ci interessano; dopo si spegne la radio, che si tiene piú che altro solo per eventuali emergenze e ben pochi comunicati, che mediamente si fanno meno che una volta al giorno. In questi ultimi tempi noi, uomini legati alla moderna tecnologia, é molto probabile che l'unico strumento moderno che manterremo in funzione sarà il GPS ("Geodetic Positioning Satelital" ovvero "Localizazione geodetica per satellite"). Come un telefonino cellulare, con un piccolo schermo tipo agenda elettronica, ricevendo il segnale di appositi satelliti, ci dirá le nostre coordinate esatte, con pochissimi metri di possibile errore. Ci segnala pure l'altezza sul livello del mare, la velocitá e direzione alla quale stiamo andando, la distanza con altri punti precedentemente memorizzati, segnandoci itinerari premarcati manualmente o per il semplice fatto di averli percorsi anteriormente e consentendo di muoverci liberamente e sapere sempre dove siamo, andando anche alla cieca e senza mappa. Le mappe esistenti sono sempre molto incomplete e troppo generiche. Le strade e piste marcate spesso non ci sono od, al contrario, molte volte non sono segnalate.

Questi "lussi", peró, non ce l'hanno i cosiddetti "incaricati" (los encargados) delle estanzie. Chi sono? Sono i veri abitanti della Patagonia, che non possiamo neanche chiamare "Paesani".

Quanti sono? Le stesse estanzie sono veramente poche. Le piú vicine tra loro distano generalmente varie decine di chilometri o alcune "leguas". La "legua" é la unitá di misura che si usa in Patagonia e si riferisce alla superficie ed alla distanza, allo stesso tempo. Non é il caso di essere troppo raffinati in questo senso. Ci si capisce sempre. Equivale a circa 25 Km^2 (un quadrato di 5 Km di lato), o a 5 Km circa. Questa é la unitá minima che solitamente si tratta in qualunque affare.

Molte di queste estanzie sono abbandonate e dimenticate da tutti. A volte con vecchie piste di accesso che non si vedono piú. Lo stato di abbandono é evidente, anche se, per il clima secco, ció che resiste al vento si altera molto lentamente. Cosí é facile vedere quelle tipiche ruote dei mulini a vento, ridotte in brandelli e porzioni di tetti mancanti, mentre al contrario si possono trovare, ancora in relativo buono stato, quelle antiche carrozze in legno, che siamo abituati a vedere nei vecchi film western. Sono esistite per davvero e quelle che incontriamo sono state i mezzi di trasporto usati per quel viaggio di solo andata di chissá quanto tempo fa, di chissá quali avventurieri, che sono rimasti li finché la Patagonia non li ha vinti.

Spesso le estanzie non del tutto abbandonate non differiscono di molto dalle totalmente abbandonate. Solo poche, delle poche che sono nel totale, si trovano in condizioni classificabili come buone.

Solo in un caso ho conosciuto una estanzia vissuta da una giovane famiglia: padre, madre e tre figli ancora piccoli. Gente semplice, assimilata nell'ambiente. Forse gente felice, pur senza sapere di esserlo. Unica lamentela un poco era che non potevano tenere la televisione, senza rendersi conto che forse proprio questo era la loro salvezza. Purtroppo non potranno restare fissi lí per molto tempo. La istruzione elementare, quella di imparare a leggere e scrivere, é la stessa mamma che la da. Una donna con tipici lineamenti di discendenza indios. Una persona "istruita"; ha fatto sicuramente tutte le elementari e, soprattutto, la cosa piú importante, di saggi spontanei principi. Tra un po', almeno per certi periodi, la famiglia probabilmente dovrá dividersi, per per-mettere ai figli di frequentare la scuola, per lo meno per un certo tempo. In questo caso particolare il paese o "cittá" piú vicina é solo a due ore di distanza di camionetta, o poco piú. Peró questa gente non ha alcun mezzo di trasporto che non sia il cavallo. Ovviamente neanche esistono mezzi pubblici che passino nelle vicinanze. Sono anche fortunati perché in questo caso il proprietario dell'estanzia vive nella "cittá" vicina, a Trelew, ed ogni tanto, se pur a volte a distanza di mesi, mantiene contatti con loro.

Rimane ancora qualche indio puro. Peró gli indios veri, della tribú Mapuche (si legge "Mapuce") ed altre tribú simili, sono come il puma. É molto difficile vederli. Vive ancora qualche sporadica famiglia o piccolo gruppo in pochi punti sparsi della Patagonia, ma é come se non esistessero. Peró sono molto pochi. La maggioranza ormai rimane concentrata in alcuni punti delle valli andine, dove il governo argentino e cileno hanno piú volte tentato di "socializzarli" con difficoltá, anche a causa di molti errori e di pochi sforzi.

Alle volte, alcune estanzie vengono abitate solamente nel periodo estivo, da chi ha ancora animali. Non c'é agricoltura, l'allevamento tipico é quello delle pecore. Le famose "Merinos" sono sparse in buona parte della Patagonia. Ma la lana é scesa di prezzo. Non mancano le difficoltá, come la cenere eruttata da un vulcano andino e depositatasi nella Patagonia centro-meridionale, su centinaia di chilometri quadrati o non so quante "leguas", alcuni anni fa. Si trata di una cenere silicea, molto dura ed abrasiva. Le pecore, pascolando, mangiarono pure questa finissima sabbia depositata su quello che era il loro alimento e cosí, col masticare si corrosero i denti, fino a non potere piú nutrirsi. A migliaia morirono di fame. Attualmente la cenere é un poco meno, peró chissá per quanti anni ancora rimarrá. Il solo a giocare con essa é il vento che la muove di qua e di lá. Quel vento che puó far volare tetti, non é capace di togliere questa polvere. Solamente la sposta da un punto all'altro e poi la riporta dove la ha tolta, quando cambia direzione, "impolve-rando" per l'enne-sima volta, ad ogni spostamento, quei poveri arbusti che potrebbero essere il pascolo delle pecore.

Pochi sono i cavalli e pochissime le vacche, solo nelle rare zone piú ricche d'acqua e quindi anche con piú pascolo. Gli spazi sono cosí vasti, che é difficile incontrare pecore, questo piccolo segno indiretto della presenza dell'uomo.

Piú frequenti sono gli agili e belli guanachi, dal lungo collo, come i lama, un po' piú grandi, piú slanciati, di tonalitá marroni, che vagano sempre in piccoli branchi e sembra che non abbiano sofferto neanche della cenere del vulcano. Loro sono della Patagonia. Il guanaco non si addomestica, vive felice e libero, saltando senza problemi qualunque staccionata che incontri. L'uomo puó essere considerato il suo nemico. Molto piú un tempo, peró ancora oggi, viene a volte cacciato da quei pochi uomini del campo patagonico, per la sua ricchissima carne, che potrá servire per loro stessi o per i propri cani che sempre li accompagnano e che tanto bene svolgono il loro lavoro di guidare le pecore ed i cavalli, evitando che si perdano in tanto spazio e fornendo anche protezione contro le volpi ed, eventualmente, il puma. É una delle risorse di vita per chi é costretto a vivere di quello che puó offrire la Patagonia, che non é certo molto. É facile avvicinarsi abbastanza ai guanachi, fino a quando non decidono di scappare saltellando, ubbidendo all'istinto sul potenziale pericolo. Solo il puma puó essere un altro minore pericolo per i suoi cuccioli. É piú pericoloso per le pecore che vivono sempre disperse negli spazi aperti. Per fortuna il puma, piú frequente nelle zone montagnose delle Ande, é abbastanza scarso. Praticamente non si fa vedere mai dall'uomo, ed in forma diretta non costituisce pericolo alcuno.

Tutto ció fa parte della vita di quei "incaricati", che vivono in quella totale solitudine, in qualche estanzia, che puó sembrare abbandonata. E nella Patagonia piú interna, loro stessi sono effettivamente abbandonati e dimenticati da tutti. Qui la veritá puó raggiungere aspetti drammatici e mostrare uno degli aspetti della vera e cruda Patagonia.

Abbandonati, tanto abbandonati, che non si puó riuscire a capirlo facilmente come ció possa essere. Tanto soli da, a volte, avere quasi perso l'uso della parola, da avere timore dell'eventuale visitante, cosa così rara che possono passare anni senza che ció avvenga. É difficile crederci, ma é realtá.

Quando si gira per l'interno della Patagonia e si passa per zone ove si sá che chissá da quanto tempo nessun'altro è passato: settimane, mesi, anni o mai, allora si deve prevedere che potremmo incontrare qualcuno di questi "eremiti della Patagonia". Sará una buona abitudine, quasi doveroso, fermarsi presso le "estanzie" che eventualmente si raggiungono. Soprattutto se possono srembrare abbandonate. Lí potrebbe vivere qualcuno, uno di questi "incaricati", magari tra i piú anziani e bisognosi. Con un poco d'occhio ci potremo rendere conto se è effettivamente abbandonata o no: se ci sono galline, resti o tracce recenti, se vi sono cani che senza l'uomo non vi restano. Effettivamente l'uomo potrebbe essere chissá dove all'intorno, o forse in casa. Lui sicuramente ci ha visti fin dal nostro lontano apparire. Potrebbe persino nascondersi per non farsi vedere. É tanto abituato alla solitudine, che potrebbe temere di un evento tanto insolito: una visita. Peró dobbiamo sapere avvicinarci, dobbiamo sapere trattare con persone, per forza di cose, di ben poche parole. Dovremo avvicinarci con molta modestia e tenere presente che la nostra visita potrebbe risultare il fatto piú importante per molti altri mesi.

Potremmo lasciargli qualcosa. Inutile lasciargli denaro: tanto o poco, a che serve il denaro nella Patagonia profonda? A niente. Cosí come hanno perso di importanza il calcio e la politica, anche il denaro non serve a nulla. Qualcosa da mangiare? Certo questo potrebbe essere molto utile e per almeno una o due volte alleggerirebbe il carico del lavoro abituale per procurarsi il cibo in questo equilibrio ormai instaurato con la Patagonia. Certamente sarebbe ben gradito. Ricordiamoci, però, che potrebbe risultare piú gradito, per esempio, un buon sacco di farina con la quale si fanno delle "torte", che, se pur di semplice farina, fritte in grasso animale, risultano come delle pagnotte molto ricche, o che tali sembrano nel contesto dell'ambiente. Una cosa importante: sempre si fanno con un buco nel mezzo, perchè così poi si possono conservare infilandovi un pezzo di cordino e quindi appese al soffitto. Ma la cosa piú preziosa, il piú delle volte, potrebbe essere di offrire un piccolo lusso a questa gente tanto sprovvista di tutto ció che a noi, uomini della cittá, ci sembra indispensabile. Nulla di meglio di un pacchetto di sigarette (ed anche i fiammiferi). Io, che non fumo, ho preso l'abitudine di fornirmi di stecche di sigerette per queste occasioni.

Occorre essere generosi, peró in giusta misura, non tanto da far diminuire a ció che si offre il valore che chi lo riceve crede cha abbia.

Tante volte con un pacchetto di sigarette ed un tratto cordiale e comprensivo si ottiene la piú ampia disponibilitá, le piú ampie informazioni su tutti i più piccoli segreti dei dintorni. Per noi, che stiamo esplorando, possono essere informazioni preziose. Senza difficoltá l'uomo si offrirá ad accompagnarci, anchc giorni interi. Per lui oggi e domani é lo stesso; dopo una giornata ne viene un'altra generalmente uguale e tutto ció sará come una festa. Ci offrirá da mangiare, di quello che fa lui, senza mostrare di pretendere altro in cambio, anche se certamente sará doveroso cercare di lasciargli anche di piú di quanto lui ci offre.

E cosí é che sentiremo i racconti piú veri della Patagonia, anche se di poche parole mal concatenate e mal espresse: le previsioni sul clima che verrá, soprattutto se potrá essere piú secco del normale, che é il grande timore; come vanno gli animali, se c'é e dove sta la volpe e se il puma non ha fatto notare la sua presenza; come vanno le cose ora, un po' di anni dopo la pioggia di cenere vulcanica; ed anche sentiremo quando é passata di lí l'ultima camionetta e le varie congetture su questo evento.

Non c'é altro da dire; a volte si parla della salute e di qualche progetto relativo ad aggiustare qualche cosa in casa. Di questo, peró, si parla solamente una volta entrati in confidenza ed i programmi quasi sempre rimarranno solo programmi.

Sentiremo pure che il nostro uomo, l'ultima volta che si é mosso di lí é stato due anni fa, quando andando al Paese (uno di quei paesi "patagonici" di cui si é giá parlato) andó anche dal medico. E ne parla come se fosse stato ieri, ricordando le raccomandazioni del medico, peró conservando ancora quelle medicine per l'ulcera, per usarle solo in caso d'emergenza. Ci racconterá pure che il suo amico piú vicino, don Cirillo, é quello dell'estanzia piú vicina, da dove noi veniamo e che effettivamente é a solo 3 "leguas" in linea d'aria (15 Km), abbastanza di piú per via di terra: peró a cavallo si puó accorciare abbastanza. È l'unica visita che puó fare a cavallo in giornata, cosa che, peró, la fa molto raramente, meno di una volta al mese. Teoricamente avrebbe anche un altro amico, ma in effetti si vedono quasi mai perché, a cavallo, un giorno non é sufficiente.

Se per il nostro lavoro di ricerca giriamo piú giorni nella stessa zona, sará un bell'aiuto reciproco appoggiarci alla casa del nostro uomo a mezzogiorno per mangiare.

Potremo riscaldare il cibo ed avere un riparo se c'é vento o freddo. Naturalmente divideremo il mangiare col padrone di casa, lasciandogli qualche cosa in piú. A parte il fuoco a legna (a cespugli), ha anche un cucinino a bombola che usa quando ha gas. Cosí sará molto opportuno portagli una bombola piena alla prima occasione possibile. Faremo felice l'uomo e noi stessi potremo scaldarci le nostre cose.

E cosí quando vogliamo approfittare di questo punto di appoggio, anche se il nostro uomo é in qualche parte nel campo, potremo entrare in casa lo stesso. Ovviamente non esistono chiavi. Lui quando si libererá dal suo da fare, ci raggiungerá. Lui ci avrá visto da tempo e magari tarderá a proposito per non disturbarci.

Questi saranno giorni felici per lui; potrá passare il pomeriggio riposando, tanto si trova il cibo giá pronto per la sera ed anche per l'indomani; e si tratta per lui, di un cibo di festa. Il suo grande lavoro potrá essere, d'accordo con noi (anzi saremo noi che glielo proporremo), di accumulare ai bordi della pista di transito, quanta piú legna che possa, cosí da caricargliela con la camionetta e portagliela a casa. Soprattutto si raccoglie un cespuglio chiamato "El Calafate" di rametti sottili di un legno durissimo e di un colore interno giallo intenso.

Ci é capitato di avere vernice in piú. Regalandogliela gli abbiamo dovuto spiegare come si usa. Al momento non ho fatto in tempo per vedere i risultati della applicazione, sempre che anche questo non sia stato uno di quei programmi mai realizzati. La prossima volta che ritorneremo dopo essere stati in cittá, gli porteremo anche, nuove, le sue medicine; é una promessa che si deve mantenere.

Peró non tutti questi pochi uomini patagonici sono cosí fortunati da avere incontri "ravvicinati" e non tutti sono cosí socievoli. Per esempio, lo stesso Cirillo, giá menzionato come l'unico amico del nostro uomo che vive nell'estancia da noi affittata e resa base operativa, sembra che abbia perso l'uso della parola. L'unico che io abbio sentito da lui é stato un gutturale "uhu, uhu", per dire "si", e non é muto.

Tanti sono gli episodi che posso raccontare a proposito.

Il vecchietto abbastanza acciaccato, nella zona della cava "Olloa" (si pronuncia con un suono simile a "Oglioa", che, peró, in italiano non c'é). É una zona con porfido finemente stratificato e ció fa sí che la pietra, anche di un bel colore e grana e molto resistente, si puó facilmente estrarre in lastre ed utilizzare per rivestimento e pavimento. Lui, con picco e pala, nel suo tempo senza fine, ogni tanto, poco alla volta, stacca qualche lastra che appila ben ordinata in attesa che qualcuno gliela "compri". In effetti c'é stato un periodo che era stata avviata una attivitá estrattiva nelle vicinanze, ora abbandonata. Quindi c'é stato un periodo che ogni tanto qualcuno passava di lí. Cosí é che, per dargli un poco di soddisfazione, la si comprava, piú che con denaro, in cambio di qualche cosa. Questo per umanitá, per quella umanitá che nella Patagonia é molto piú accentuata che nella cittá, ove spesso, in fin dei conti, c'é gente molto piú sola che nella Patagonia.

É un uomo abbastanza anziano che ci si chiede quanto ancora potrá durare. Effettivamente é anche un po' colpito dall'etá e dall'isolamento totale, tanto che tutte quelle visite che ci racconta, in realtá ci sono state solo nella sua mente. Sono andato a trovarlo in piú occasioni e sempre mi chiedeva se avevo incontrato qualcuno che, secondo lui, era appena andato via, giusto sempre per il lato da dove io arrivavo. Persino una volta mi raccontó della polizia che, anche questa, secondo lui, era andata via da poco e che era stata lí per controllare che nessuno rubasse quella pietra che lui preparava e chissá che altro. Sicuramente tutte cose che lui non si ricordava piú dove lasciava.

"Lei sí che é buono ... e non é come il mio padrone che non mi porta mai nulla". É questo che mi diceva quando gli regalavo un pacchetto di sigarette ... e ne aggiungevo un secondo al momento di lasciarlo. Per lo meno, col suo "sognare", forse si sentiva un poco meno solo, anche se, in realtá per un poco di tempo dopo la mia partenza, rimaneva in compagnia solo di quelle preziose sigarette, e dopo neanche di quelle.

Sono tanti gli episodi simili, tutti diversi, ma con lo stesso significato.

So di un vecchietto che si nascondeva per non farsi vedere e fu trovato solo dopo essere stati sul posto piú volte, incuriositi da alcuni di quei segni che indicavano la presenza di qualcuno e, perció, sembrava strano non poterlo incontrare. Lo si é potuto incontrare, avendo sospettato qualcosa, solo dopo essere ritornati "di nascosto", facendo finta di andarsene. Era effettivamente un vecchietto bisognoso, che, alla fine, non ha rifiutato quanto gli si é potuto lasciare.

Ancora piú triste l'episodio del vecchietto che andava lentamente perdendo la vista, forse per cataratta, e non voleva ammetterlo. L'ultima volta che si parló con lui, stentava perfino a mettere la legna nel camino. A nulla valsero tutti i tentativi per convincerlo a portarlo al paese. É voluto restare lí.

Sapendo della situazione, si ritornó un'altra volta a trovarlo, alla prima occasione possibile, peró questa volta lo si trovó morto, vicino al suo camino.

Questa parte di questa "storia infinita", la termino qui. Voglio solo ricordare che gli stessi nomi della Patagonia, ciascuno di loro spesso é decisamente descrittivo o ricorda chissá che eventi come quelli di cui si é detto. Eccone alcuni:

La Esperanza, Puerto Deseado (Porto Desiderato), El Milagro (Il Miracolo), Las Dos Lagunas, Cierra Chata (Collina Piatta), Pico Truncado (Picco Troncato), Capo Buen Tiempo, Monte Triste, Mata la Jugada (Ammazza la Giocata), Bajo Fuego (Sotto Fuoco), Punta Desengaño (Punta Inganno), Loma de Los Perdidos (Lomo dei Persi), Meseta del Viento, Meseta del Quemado (del Bruciato), Meseta Desocupata (Disoccupata), Capo Curioso, Piedra del Aguila (Pietra dell'Aquila), ... Ed a questi si aggiungono alcuni nomi propri di persola (La Maria, Punta Laura) od anche: Gobernador Mayer, Florentino Ameghino, come pure alcune date come: 11 di Settiembre, 28 de Julio, etc. Non mancano neanche alcuni nomi rimasti in lingua indio locale (Putrachoique, Picún-Leufu, Colán Conhue, ecc.), ed anche alcuni nomi portati chiaramente dai primi europei anche non spagnoli (Tedeschi. Inglesi, Italiani, etc.)

ANCORA UNA COSA

Sono sicuro che ho messo piede in parti che mai furono pestate da piede umano. Questa Patagonia interna, a prima vista sembra tutta uguale. Il grande esploratore Darwin disse: "... In Patagonia non c'é nulla... ". Peró non é cosí. Il suo potere di affascinare é immenso e ad ogni passo grandi possono essere le sorprese.

Quella formazione di roccia oscura, nel mezzo di roccia chiara, che nessuno ancora sa che cos'é, o quell'affioramento di magma solidificato che mantiene congelata la forma come di una gigantesca onda che sta ricadendo su sé stessa, o i resti di un bosco pietrificato che, a differenza di altri giá conosciuti e addirittura dichiarati monumento nazionale, é ancora totalmente sconosciuto, anche se perfino con i suoi pezzi di tronco ancora in piedi. ... Ed, ancora di piú, per tutta la vita, piante ed animali, che, in particolare in questi posti, mostra l'essenza del miracolo per come si sviluppa.

Anche nella interminabile costa oceanica abbiamo la stessa immagine. Se ci andiamo, sappiamo che lí siamo soli ed al di lá di dove riusciamo a vedere continua lo stesso... ed il giorno di ferragosto (o il suo equivalente) non cambierá nulla in questi posti, che sarebbero cosí come sono anche se l'uomo non esistesse sulla Terra.

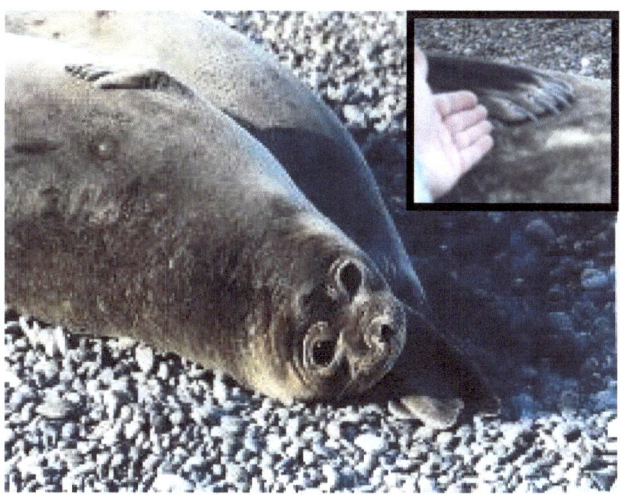

In realtá possiamo stare in compagnia, di foche, quelle grandi, di varie centinaia di chili, e pinguini, con i quali, con tutta indifferenza anche di loro, possiamo compartire la spiaggia ed il sole e fare un sonnellino nelle più tiepide ore pomeridiane.

... Il turista va in Patagonia a vedere le foche ed i pinguini nelle aree protette e famose al mondo. Gliele fanno vedere da ben lontano, soprattutto le foche, senza scendere nella spiaggia con loro. Ma questi sono punti isolati nella sconfinata Patagonia.

Credo che ho anche conosciuto il posto piú isolato della Terra, tra quelli che, in un certo periodo furono abitati. Le foto satellitali ci hanno portato lí, non per la "estanzia" (fattoria) abbandonata, che neanche si vede nelle nostre foto, bensì per la roccia che stavamo esplorando e la prospettiva di trovare qualcosa di buono ... ed anche qui valgono le famose leggi di "Murphy", in questo caso quella che dice che il meglio sta sempre nei posti piú inaccessibili.

Lo stesso geologo locale, nato e vissuto in Patagonia, con molta esperienzia nelle sue terre, direttore della locale impresa mineraria statale, una volta condotto in quel bellissimo giacimento, mi chiese come diavolo avessi fatto a trovarlo. Le indagini poi rilevarono che si trovava in terre demaniali, di nessuno, cosí che se ne sarebbero potuti impossessare con un semplice tramite burocratico (trattandosi di burocratico il "semplice" é sempre relativo).

Lí, come detto, nelle vicinanze della base del giacimento c'é una estanzia abbandonata. Accedervi é stato relativamente difficile perché la strada di accesso, sempre con distanze patagoniche, era interrotta in vari punti a causa di un torrente che, nei suoi momenti di piena, si sbizzarriva a variare il suo percorso a piacimento. Solo grazie alla 4x4 con raggiri nel terreno naturale ed esperienza, riuscimmo a passare gli ostacoli.

La "estanzia", in un occhio di piano un po' piú verde che nei dintorni ed un piccolo lago vicino, tutto circondato dai rilievi rocciosi, fu abbandonata 10 anni prima, quando le ceneri vulcaniche delle quali ho giá parlato, particolarmente intense in questa zona, impedirono di continuare a mantenervi le pecore.

Sembra abbandonata d'improvviso, forse per il terrore di quel fenomeno. Non so se fu visitata qualche volta in questi 10 anni, ma tutto indicava che no. Le "estanzie" abbandonate, negli anni vengono piú o meno saccheggiate, ma questa, priva di cammini di accesso, non lo era per nulla. Chi saccheggia le "estanzie" gene-ralmente non va con una 4x4.

Se non fosse stato per quella griggia sabbia molto fine che é la cenere vulcanica e che piú o meno, come una polvere, ricopriva proprio tutto, anche all'interno, spinta dai venti patagonici che avevano giocato parecchio con le porte e finestre lasciate aperte, sembrava come se la gente dovesse essere lí nei dintorni. Come se potesse tornare da un momento all'altro, rientrando nella casa, lasciata aperta, come abitualmente si fa. É tanto fuori dalle previsioni una possibile visita di altra gente, che l'ultimo che si pensa é di chiudere la casa andandosene.

Camicie stese, letti come appena usati. Tutto ció che era della cucina in parte come appena usato ed in parte pronto per essere usato. Certo il tutto mostrava evidenti i segni di un lungo uso e di una certa vecchiaia, peró questo é ció che si vede in ogni posto del genere, in qualche modo vissuto.

Chissá, forse vi vivevano ancora gli spiriti di questa gente, liberi di potere fare tutto ció che volevano, senza essere disturbati.

Guidati dalle mappe esistenti (pur sapendo di non potere fidarsi alla cieca), dalle foto satellitali e dalle tracce della pista, ancora visibili, decidemmo di continuare la traversata di questa zona tanto isolata, uscendone dall'altro lato, piú vicino al nostro campo base, ed anche per completare la nostra presa di contatto con l'area in esplorazione. Fu un bellissimo percorso anche come paesaggio ed ambiente, vario ed interessante, grazie alla presenza di numerosi e grandi rilievi (potenzialmente tutti di nostro interesse), in misura maggiore della media.

Possiamo simbolicamente far coincidere la fine di questa traversata con l'incontro di alcune staccionate (i famosi "alambrados"), che invece di avere il loro normale cancello (il termine é "portera" ed in realtá non é ne una porta, ne un cancello, peró qualcosa di simile del quale non trovo una corrispondente traduzione esatta), risultavano chiuse come da sempre e per sempre.

Grandissimo é stato il doppio stupore di uno di questi uomini soli che viveva in una "estancia" al di lá di questi "alambrados", in una zona particolarmente montagnosa e pittoresca, con neve ancora nei punti di maggiore accumulo, dell'inverno piú rigido del normale, da poco finito.

Dicevo che il suo stupore fu doppio, quasi da colpo al cuore. Uno perché, come giá detto altre volte, questo é ció che provoca l'eccezionale evento di una semplice visita in questi posti. L'altro per il lato da dove era arrivata questa visita ... forse l'arrivo di extraterrestri avrebbe provocato lo stesso stupore.

Il cerimoniale di familiarizzazione con l'uomo fu sempre lo stesso e sempre semplice, con l'accoglierci in casa ed offrirci ció che aveva, in particolare le torte fritte, tipiche di queste zone. E noi lasciando ció che si poteva, soprattutto di alimenti e tabacco.

Mi ricordo come in particolare per il freddo e la neve ancora presenti, il nostro uomo indossava degli stivali da lui fatti con pelle forse di pecora, con il pelo lungo. Certo non i migliori per una sfilata di moda, però sicuramente erano ben caldi.

Cosí finimmo che ci raccontó tutto ció che poteva e, tra l'altro, che l'ultima visita anteriore alla nostra, risaliva a 8 mesi prima (l'estate anteriore), cuando, anche in quell'occasione lo visitarono tre che cercavano le pietre. Si ricordava del nome di uno di questi tre, un certo Mondello.

...Questi é il geologo capo dell'impresa. Lo stesso che mi chiese come diavolo avessi fatto a trovare quel tal giacimento ed uno degli altri due, che il nostro uomo non si ricordava, ero io stesso.

TRA AMAZZONIA E MATO GROSSO

I MIEI AMICI "INDIOS"

DEDICO QUESTO SCRITTO AI MIEI AMICI DELLA SELVA DEL SUD AMERICANA CON I QUALI HO VISSUTO QUASI DUE ANNI E CHE CERTO POSSONO INSEGNARE MOLTO A TUTTI NOI SU CIÒ CHE È DIGNITÀ, LEALTÀ, AMICIZIA.

NON È CERTO FACILE PARLARE DI VERA AMICIZIA, PERÒ CON LORO VI È STATA E SOLO STO ASPETTANDO DI RITORNARE A TROVARLI.

IL RACCONTO È ASSOLUTAMENTE VERO, SOLO A VOLTE HO USATO INDICAZIONI NON TROPPO PRECISE AL FINE DI PROTEGGERE CHI È STATO PARTECIPE E ME STESSO.

Nel cuore della foresta Sud Americana, praticamente nel centro del continente, ove Amazzonia e Mato Groso si uniscono, in territorio boliviano, peró molto vicino alla frontiera con il Brasile, solo ultimamente si é scoperta l'esistenza di giacimenti di Granito Nero. Si tratta di una delle rocce di applicazione ed ornamentali, che, se di alta qualitá, raggiunge altissimi valori architettonici ed é considerata un "classico". Quanto piú lusso ed eleganza si vuole, tanto piú è richiesto. In pochi posti al mondo si trova con le necessarie caratteristiche, cosí che raggiunge costi tra i piú elevati nella categoria ed é tanto richiesto che si estrae anche nei luoghi piú isolati.

La foresta tra Tropico ed Equatore nasconde tanto ció che sta al di sotto, che solo da poco si é scoperta l'esistenza di questi giacimenti. Si estendono per decine e decine di chilometri quadrati. Estensioni incredibilmente grandi di cui al momento nessuno ne conosce i limiti. In uno dei migliori punti incontrati é stata programmata la apertura di una cava, che si iniziò nell'inizio del 2005

Ormai sono 21 anni che sto girando per il Sud America (ed anche per tutto il mondo) come geologo e posso di certo affermare di avere una profonda esperienza nel settore, ove una grande importanza ha non solo il fatto di maneggiare tutti gli aspetti tecnici, ma anche il tratto umano e di riuscire ad inserirsi nell'ambiente.

É difficile descrivere l'ambiente della Selva Sud Americana. Pieno di storia, leggende, ove piú di ogni altra cosa domina la parola "AVVENTURA", che si trasmette in tutti i racconti di questi posti. Luoghi isolati ed inaccessibili, pieni di popoli ancora separati dal resto del mondo, di flora e fauna anch'esse, come la geologia, con molto da scoprire, di gente che si crede che, per vivere in questi posti, deve essere rude, quasi selvaggia, molto stile "Wester", di approfittatori, ove ogni sorta di mala condotta é permessa: contrabbando, soprusi, mafia, ecc.

La attivitá tradizionale é quella del legname, soprattutto di tutte quelle specie di grande pregio che si cercano inoltrandosi nella foresta con spedizioni che possono durare molti giorni. Fummo amici, aiutandoci vicendevolmente per tutto ció che puó servire tra due accampamenti adiacenti nel bel mezzo della foresta. Uno delle cave, l'altro come base dell'attività del legname. In parti-colare si raccoglieva il SOTO, il legname più pesante al mondo con quasi una volta e mezza il peso dell'acqua e forse anche il più duro; i chiodi non si possono piantare e la sega deve essere raffreddata con acqua, come se fosse pietra. Con questo essenzialmente si realizzano traversine per i binari molto pregiate, in quanto praticamente eterne.

San Miguel de Velasco è un piccolo paese vicino alla frontiera con il Brasile, nelle vicinanze della zona della cava. In varie zone di questa provincia di Velasco, raggruppati in nuclei dispersi in alcune aree della foresta, possiamo trovare ancora i "Menonisti", discendenti dalla antica Germania. Si sono isolati in queste terre per mantenere le loro rigidissime regole di vita, di un cristia-nesimo medievale estremista. Parlano un dialetto tedesco medioevale. Solo gli uomini parlano anche un poco di spagnolo, per necessitá dei contatti con il mondo esterno. Alle donne non é permesso studiarlo. Gli uomini, biondi e longilinei, soprattutto per la dieta con molti vegetali e le dure attivitá del campo svolte con tecniche medievali; le donne invece mantengono la pura genetica della razza tedesca, quasi tutte grandi, alte e ben voluminose. Obbligati ad andare sempre vestiti uguali: pantaloni tipo jeans, con pettorina e bretelle, camicia bianca anche quando lavorano nel campo e cappello in cuoio tipo "Cowboy", le donne sempre in costume tipico delle loro tradizioni, con lunghe ed ampie gonne. Il loro sistema di trasporto é un tipico carro tirato da cavalli, anche questo medievale, a parte le ruote in gomma.

Tutte le regole di vita sono molto rigide, come le numerose cerimonie religiose obbligatorie, la condotta di vita uguale per tutti, basata su agricoltura e pastorizia, le case anch'esse tutte uguali, della Germania di secoli fa. Gli accordi di contratti e compra-vendita di qualunque cosa, sono a voce, non ci sono documenti e questo vale, l'inganno non é concepito. Per quanto in Bolivia tutto costa molto poco, i prezzi dei loro prodotti, anche per la Bolivia sono molto bassi. Sono ben pochi coloro che vanno a comprare nelle loro zone, mentre normale é che commercia-lizzino nei mercati locali, generalmente una volta alla settimana.

A parte loro, nei centri abitati arriva dalla foresta la gente semplice, discendente da quelle che furono le antiche tribú. Secoli fa ricevettero l'influenza dei missionari, soprattutto gesuiti e francescani che facilmente li hanno "educati" grazie al loro incredibile istintivo affabile carattere, purché trattati con il giusto rispetto.

É difficile capire come in un ambiente che va avanti con questo stile di vita di "avventura", ove sembra tutto permesso e senza controllo, vi sia gente con una condotta di vita semplice, povera, adattata alla selva e, forse proprio per questo, con tanti sani principi, anche se a volte per farli rispettare si puó arrivare ad azioni drastiche.

Ho fatto grandi amicizie tra questa gente. É stato sufficiente trattarli onestamente, con rispetto e sinceritá, senza falsi atteggiamenti di presunzione, per ricevere in cambio ancor di piú, ed essere accettato con altrettanta spontaneitá tra di loro, godendo di tutta la collaborazione, protezione e spontanea amicizia.

La societá si gestisce con le regole "Comunitarie", discendenza diretta delle regole comunitarie delle "tribú", governate dagli "anziani" e saggi. Gli uomini riconosciuti come di maggiore prestigio e morale vengono eletti dallo stesso popolo ed ad essi tutti devono sottostare.

La giustizia "Comunitaria" spesso sta sopra la giustizia dello Stato ed é ben piú giusta e diretta, pur potendo arrivare, per casi estremi (realmente estremi) a rimedi molto drastici... La pena non è il carcere. É concepita in modo che il colpevole sia costretto a fare ció che puó per rimediare al danno provocato: risarcimento, lavoro e quello che sia opportuno. Questo anche ricevendo una assistenza per correggersi. Tutta la Comunitá puó essere coinvolta nel partecipare, al fine che il colpevole rimedi le sue colpe. In casi gravi, ove non sia possibile rimediare, in caso di ripetute reincidenze, vi é la espulsione dalla Comunitá od anche, in teoria, la pena di morte, che sarebbe pubblica. Al giorno d'oggi dicono che non é piú applicata... peró io posso affermare che si arriva anche a questo.

Posso raccontare due episodi di cui sono testimone. Nel primo, un gruppo di 5 delinquenti, provenienti da qualche zona dello altipiano andino, arrivò da queste parti cominciando ad assaltare i mototassisti. Qui il servizio di taxi, a parte di poche auto, é fatto da una enorme quantità di moto che portano fino a due passeggeri alla volta.

Tutti i mototassisti si organizzarono. Qualunque passeggero di aspetto sospettoso che chiedeva di essere portato in qualche parte periferica (ove potevano attendere i complici), veniva seguito da altri. Cosí incontrarono i delinquenti sul fatto. Tre riuscirono a fuggire nella selva, peró uno fu lapidato nello stesso luogo e non si salvó e l'ultimo invece fu salvato dalla polizia, che, in questi casi, anche se effettivamente dovrebbe intervenire, lascia fare ed interviene solo all'ultimo quando tutto é passato. Poi la Giustizia, se obbligata ad investigare, chiude il caso senza conseguenze. Credo che passerà molto tempo prima che qual-cun'altro tenti di fare nuovamente qualcosa di simile.

Un altro caso ancora più grave lo ho indirettamente vissuto. Questo però lontano da qui, in una Comunità nel cuore delle alte Ande in Perù, ove oltre i 4.000 metri s.l.m. si stanno attivando quelle che io credo che sono le cave di roccia ornamentale (Marmi e graniti) più alte del mondo. In questo caso si tratta di travertino.

3 ladroni, questa volta della zona e già conosciuti, rubarono un pezzo di valore del bulldozer di una di queste cave. Il giovane guardiano della cava se ne accorse sorprendendoli e lo uccisero con un colpo di pistola. In forma immediata, la stessa notte tutta la Comunità si mobilitò, con a capo lo stesso Presidente e con l'appoggio delle donne, che spesso fanno anche da capo famiglia. Bloccarono uno dei tre delinquenti che cercava di fuggire con la sua vecchia camionetta, alla quale nella stessa piazza del paese le diedero fuoco con il delinquente dentro. Gli altri due cercarono di fuggire a piedi per i monti ed arrivarono a nascondersi in una grotta. Ma questa gente, estremamente abile a seguire le tracce anche con il solo vedere come sta piegato un filo d'erba, non ha faticato a raggiungerli. Condotti nella piazza del paese, anche loro furono bruciati vivi. Non vi è polizia in questa Comunità e la amministrazione della giustizia è lasciata al Presidente e Governatore. L'intervento successivo della Giustizia dello Stato (con Polizia) fu una cosa formale e tutto rimase così, senza conseguenze a parte il ritorno della tranquillità nella Comunità. Per meglio dire, in verità la polizia alla fine intervenne, però nel paese vicino, natale di questi delinquenti, al fine di permettere che fossero sepolti in quel cimitero, in quanto la comunità non li voleva ricevere.

Però se si guadagna la stima dando valore a quel senso di umanità che forse ha più questa gente che la civiltà moderna, si acquista un senso di vita che, pur se tra capanne di paglia e terra ed amache come letto, va ben al di là di tutto questo. Un senso di vera amicizia, di gente pronta ad aiutare ed anche difendere.

Un paesino ed una comunità con gente che vive nella selva; gente umile, ma dignitosa e rispettosa. Uno stile di vita "Amazzonico", anche per quel senso di avventura, di "Western" che da "occidentali" si può dare a questo termine, però ove la gente, uscendo di casa lascia la porta aperta. Può capitare di bussare alla porta aperta per annunciarsi, fino a quando qualcuno dei vicini avvisa che sono usciti. Ricordo come il titolare dell'impresa di legname di cui ho parlato, nella sua casa del paese invitava i bambini del circondario a vedere qualche video nel suo televi-sore. Si organizzavano tra di loro entrando e salendo dalla casa a piacimento. Lui, mentre era in funzione tutto questo, se ne andava tranquillamente, lasciando la casa così. Io avevo una camionetta Toyota Hilux e sempre la ho lasciata al bordo della strada giorno e notte, caricata con tutto ciò che trasportavo: pezzi di ricambio, bidoni, utensili, ruote di scorta, ecc. Mai mi è mancato nulla.

Una volta in cava. l'operatore della pala meccanica dimenticò il suo cellulare su una pietra e questo sparì. Sempre avevamo visite dei vicini che vivevano nei dintorni, nella selva. Era una cosa abituale. Tra loro vari giovani. Ci visitò, come ogni tanto faceva, anche il Presidente locale della Comunità che viveva lì vicino, e con lui una donna del posto. Contando dell'accaduto, questa disse di avere visto un tal ragazzino con un cellulare, cosa abbastanza strana nella selva. Un'ora dopo ritornava il presidente restituendo il cellulare ed affermando, scusandosi, che queste cose li non devono succedere.

Anche se il titolare della cava, un boliviano, però della città e lui si, come vedremo più avanti, abbastanza delinquente, voleva che in cava sempre vi stesse un guardiano, in realtà più volte non ci stava e non mancò mai nulla. Una volta anche la pala meccanica rimase più di una settimana bloccata nel mezzo del cammino per una rottura, con vari attrezzi sopra. Non solo non mancò nulla, ma perfino, i vicini della comunità, la controllavano nel caso che passasse qualche estraneo. Erano cose della cava; eravamo amici con un buon tratto e rispetto, quindi era come della Comunità, come una sola famiglia.

Inoltrandomi nella selva, nei vari chilometri di pista fino alla cava, soprattutto nelle sue vicinanze, si attraversavano alcune zone abitate con quelle case di paglia e terra sparse e ben mimetizzate. L'avvicinarmi ed arrivare con la camionetta, a volte l'unico mezzo motorizzato per tutto il giorno, era un avvenimento. A volte portavo con me qualche visitante ed a bella posta non lo preavvisavo. Rimaneva sempre più che stupefatto con affermazioni tipo che sembrava la visita del papa. Sentivano da lontano il rumore del motore e lo riconoscevano. Tutti i bambini e giovani ed a volte qualche grande con qualche piccolino ancora in fasce, arrivavano anche da case lontane... qualche caramella, lecca lecca, o cose simili, c'era sempre per loro.

Un poco di furberia spesso c'era, come nei bambini di tutto il mondo... "A mi no me dio (a me non mi ha dato)" era la frase più pronunziata, con la manina tesa... oppure "Una mas para mi hermanita que no pudo venir (Un'altra per la mia sorellina che non è potuta venire)"... poi correvano più veloci della caminetta, dietro gli alberi, per farsi trovare nuovamente più avanti mescolandosi con un altro gruppetto. Sicuramente le prime volte questi giochetti funzionarono. Presto imparai a conoscerli uno per uno e così, quando me ne accorgevo, non davo nuovamente e sempre dicevo che a chi diceva bugie la volta seguente non avrei dato nulla... promessa mai mantenuta.

Bambini, però in certo senso dignitosi e rispettosi, con un atteggiamento di disposizione ad ascoltare ed ubbidire. Il tutto raggiunto grazie ad avere ormai acquistato una certa confidenza. Altrimenti mostrerebbero perfino come un atteggiamento di timore verso lo sconosciuto.

Gente dignitosa. Quasi mai ritornavo indietro a mani vuote. Le famiglie, una volta una, altra volta altra, ringraziavano e così tornavo a casa per esempio con la "chicha" (si legge "ciccia"), una bevanda (è buona) fatta generalmente a base di mais bollito, con o senza zucchero (nel campo sempre senza) che a volte fanno anche fermentare, trasformandola in bevanda alcolica ed a volte fatta pure di arachidi, ancora più buona. In Perù si fa la "cicha morada" (ciccia nera) con una varietà di mais quasi nero. Altri regali erano arance, banane, manghi, avocadi, papaye e prodotti simili della loro selva.

Mai tornavo indietro solo dalla cava a 37 Km da San Miguel dentro nella selva. Solo due volte alla settimana una specie di corriera fa servizio di trasporto passeggeri, se è che non si rompe. Approfittare di un passaggio poteva risultare un aiuto prezioso, per il quale ci si metteva d'accordo la mattina od il giorno prima facendo attese di ore. Ormai entrati in una certa confidenza si facevano normali gli inviti a partecipare alle loro ricorrenze e riunioni o semplicemente mangiare un boccone con loro e partecipare a tutte le attivitá sociali, con un gran senso di amicizia, di fiducia, evidentemente guadagnato grazie alla forma di essere, al tratto rispettoso offerto e contraccambiato in forma ampli-ficata. Solo un esempio: della mamma che mi chiede il favore di portare le sue bambine dalla nonna che vive nel paese. Io dovevo prima passare da un'altra parte e poi sarei andato al paese. ... "Non importa; che vadano con Lei, dottore..." ... da notare che questa gente non ha telefono per comunicarsi. Non credo che altre volte abbia tanto sentito la responsabilitá che mi prendevo. Oppure un altro esempio. "... Dottore, dove lei va, vado io..." mi diceva uno dei lavoratori della cava, che, come tutti, si rendeva conto di tutto l'opposto che era il titolare della cava.

Amici veri, pronti a difendere. Contrabbandieri, avventurieri, tutto vale per farsi avanti, magari qualche delinquente (in paese, non nella selva) scappato dal Brasile che si è adattato alla sua nuova vita anche con documenti e nome falsi. È possibile comprare una camionetta 4x4 doppia cabina totalmente attrezzata, di un anno, per 5.000 dollari. Generalmente pro-vengono dal Brasile, avendo passato la frontiera clandestinamente per qualche pista nella selva o con qualche buona mancia al poliziotto di frontiera, che così arrotonda sostanzialmente il suo ben povero stipendio di base. Oppure addirittura, lo stesso proprietario entra con la camionetta e la vende 3 o 4 mila dollari. Magari si fa "assaltare", incatenare, ecc. Tutto teatro accordato. Così l'assicurazione gli paga la camionetta come rubata con un assalto e compensando il deprezzamento e così di nuovo i soldi per una altra camionetta nuova. Nella zona di confine boliviana, si dà una autorizzazione ufficiale a circolare, senza fare domande, grazie al fatto che non vi sono accordi tra Bolivia e Brasile.

Anche a me offrirono un mezzo così. Normalmente chi la compra non è del posto e se la porta via in altra zona, altrimenti potrebbero tornare a rubargliela per ritornare a venderla a qualcuno. Nel mio caso la avrei potuto comprare senza timore alcuno, pur restando in zona. Ero un "amico" degno di rispetto e mi trovavo in uno di quei pochi posti al mondo ove questi concetti avevano ancora valore. La avrei potuta lasciare giorno e notte anche aperta, come già facevo con la Hilux che avevo.

Era sempre più che impolverata con chili di terra, inevitabili per quelle strade. Come in tutto il mondo, probabilmente dei giovani, soprattutto il sabato di notte e magari con l'aiuto di una buona dose di alcool, qualcosa dovevano farla. Il più innocente è di scrivere con il dito nella terra che ricopre i vetri. ... "Italiano Gamba" trovai scritto... E "Gamba" è la forma locale di nominare la gente del posto. Un "Gamba" è uno del posto degno di rispetto, in contrasto, nella zona della selva, con il "Cogia" termine molto disprezzativo, offensivo, che si da alla gente dell'altipiano, con i quali si mantengono grandi rivalità, così come enormemente differenti sono gli ambienti di vita. Dovremmo un poco ricordare i "Polentoni" e "Terroni" nella Italia di alcuni anni fa. Qui la cosa è più accentuata.

Ho ricevuto un grande aiuto e protezione a pieno stile "Western" direi con tutti gli elementi, meno sparatorie e morte, per fortuna, pur se con minacce... (non a me).

Credo che sia da raccontare.

Il giacimento di granito nero che era rimasto nascosto nella selva e parte si stava iniziando a conoscere, si stava rivelando di eccellenti qualità e la cava che si stava aprendo pareva promettere molto bene. Però il titolare boliviano si andava mostrando sempre più come la persona più ignobile che abbia mai conosciuto.

Gli italiani soci, in ciò che più hanno brillato fu l'incapacità. Alla fine persero tutto ed il boliviano (Ricordo il sistema di giustizia già raccontato) fu espulso dalla Comunità. Ciò significa che se avesse messo piede nel loro territorio avrebbe dovuto temere per la sua incolumità. Al contrario io ricevevo inviti a tornare e portare avanti l'attività, ormai "in mano nostra".

Erano quasi due anni che avevo iniziato la apertura della cava in questo nuovo giacimento di granito nero, ancora da scoprire. Attività assolutamente nuova per la zona. Vi lavorava gente della Comunità e del piccolo paese più vicino, San Miguel di 5.000 abitanti circa, molti sparsi nella selva. Un piccolo paese tipico della selva e molto tranquillo, ove, come già raccontato, la gente esce di casa lasciando la porta aperta. Ove l'unica area pavimentata è la piazza centrale e tutto il resto sono vie in terra. L'asfalto più vicino era a 240 Km di distanza. La piazza è costituita principalmente da un parco centrale con una prepoderanza di magnifici manghi, pericolosi in epoca di maturazione dei frutti che cadono sulle auto e persone, ed anche con altre piante, come l'albero bottiglia. Qui si trova una delle 4 chiese sparse nella selva, che i missionari francescani e gesuiti iniziarono a fare a partire del 1.600.

Sapientemente coinvolsero ed avvicinarono gli "indios" locali, interessandoli in attività educative, attrattive per loro stessi, sviluppando l'artigianato, con tecniche e materiali locali. Queste chiese, al giorno d'oggi, ognuna in un paese diverso, sono di una bellezza impattante, soprattutto sorprendendo anche il luogo ove si incontrano. Realizzate con i più pregiati e resistenti legni della selva locale, tutti intarsiati e decorati, per lo più indistruttibili ed i più pesanti e duri del pianeta; non è neanche possibile piantarvi chiodi. Il tutto è intensamente intarsiato e placcato con grande uso di oro, che ancor di più mostra tutto il suo splendore, grazie alla luce, fatta intelligentemente entrare lateralmente. Più che giustamente sono classificate dalla UNESCO come Patrimonio della Umanità e visitate da turisti, anche se in realtà non molti, per il fatto di trovarsi ove si trovano ... meglio così. Così non si altera la pace di questi posti.

Sicuramente, però, anche i missionari devono avere imparato molto dalla ereditaria saggezza di questi popoli, necessaria per vivere in armonia con la Natura. Non so chi abbia imparato di più dall'altro. Certo è che nella religione permane una miscela delle varie tradizioni. Come il presepe ove gli alberi sono palme ed il Gesù bambino è messo a dormire in una amaca, che tutt'ora in zona è forse più usata che il letto. Ricordo pure, per esempio, le piccole nicchie sacre che abbastanza spesso si incontrano ove sia morto qualcuno per un qualche incidente ed ove si portano fiori ed anche si offre acqua, in semplici bottiglie, per il refrigerio dell'anima nel suo viaggio. E questo ancora di più nelle aree desertiche.

In San Miguel, il medico del paese era anche proprietario della farmacia (c'è anche un piccolo centro di salute) e di un alber-ghetto fresco e moderno nella sua semplicità, ove io stesso vi ho alloggiato per abbastanza tempo, per pochi soldi e sfruttando della permanenza come in ben pochi altri luoghi. La moglie del medico gestiva un negozio di generi alimentari e casalinghi tipo supermercatino e lui era anche proprietario dell'unico distributore di combustibile, ove finalmente stava mettendo in funzione le pompe, mentre ancora lo distribuiva a mano dai bidoni.

In questo hotel venne anche il titolare boliviano della conces-sione, quando si fermava provenendo dalla città di Santa Cruz a più di 500 Km. In realtà non ha potuto rimanervi per molto tempo. Ripetutamente ubriaco, fu allontanato definitivamente dal me-dico proprietario.

Ovunque vi era gente a cui lui doveva poco o tanto. Ricordo come cercò disperatamente di affittare qualcosa nel paese. Il detto "Paese piccolo, inferno grande" funziona molto bene: così che, per quanto facesse e promettesse, non riuscì a trovare nulla. Lui pensava ad un appartamento per lui ed una sua compagna dalla quale aveva avuto un figlio, in quel momento ancora abbastanza piccolo, mentre allo stesso tempo aveva la famiglia legittima in Santa Cruz con tre figli più grandi … e non perdeva occasione per divertirsi con qualunque altra.

In quel momento io stavo pensando alla possibilità di far venire la mia famiglia dall'Uruguay. Avevo quattro case da scegliere, tutte con cortile. Perfino avevo già riservato alcune mascotte per i bambini; in particolare un grande pappagallo parlante ed una piccolissima scimmietta amazzonica della razza "Titti" (la più piccola del mondo) giá addomesticata. Mi ricordo come in occasione di questo evento, mi vollero rassicurare dicendomi: "Dottore, non si preoccupi, per lei la casa c'è, quella che vuole".

Il boliviano quando seppe che il capocava aveva il numero di telefono dei soci italiani che loro stessi gli dettero per ogni eve-nienza, volle creare un complotto per licenziarlo, dicendo che lui non voleva spie. Voleva creare false situazioni per giustificare che non compiva con il lavoro. Fin quando ci sono stato io, non lo ha potuto licenziare e quando poi me ne sono andato, come ora racconto, ha chiuso tutta la cava fino a perderla definitivamente, come già detto.

Anche gli italiani che finanziavano, non erano dei santi. Un gruppo di fratelli proprietari di una impresa del settore che mostrarono abbastanza incapacitá ed inesperienzia per lo meno da parte di qualcuno di loro. Macchine che inviarono come quasi nuove e così valorizzate nel bilancio economico, in realtà ben vecchie e quasi solo dipinte a nuovo... come se nella selva tutti fossero incapaci di accorgersene (me compreso). Errore ben più grave, in quanto ogni riparazione nel bel mezzo della selva, è molto più complicata e costosa che vicino ad un centro di assistenza.

Il fatto é che iniziarono a fare una gestione, per non fare altri commenti, molto equivocata, che ha avuto un effetto boomerang molto negativo. Certo che gli è andata proprio male. Iniziarono a fare invii di denaro molto minore dei richiesti, necessari e preaccordati, per l'attività ed in più arrivavano sempre nel pomeriggio, perdendo così l'intero giorno in loro attesa dato che non rimaneva più il tempo per le corrispondenti spese.

Li inviavano a me, affermando della mancanza di fiducia del boliviano (giustamente). Allo stesso tempo, poi, uno di loro, il fratello incaricato, raccontava al boliviano ciò che io raccontavo a loro su di lui, creando una guerra e facendo quindi che io non gli raccontassi più nulla... e che ne pagassero le conseguenze... così come poi è stato. In questa situazione poi iniziarono a lamentarsi di me per il fatto che io, a detta loro, la unica cosa che facevo era di chiedere denaro, senza portare avanti la attività. Cosa più che ovvia dato che loro non lo mandavano.

Il boliviano nel frattempo sosteneva una guerra dentro di sè, tra l'odiarmi a morte perchè per colpa mia non aveva la libertà di fare tutto ciò che voleva a modo suo e, dall'altra parte, di tenermi in buona, prima perché io ero l'elemento di unione con gli inversori e successivamente pensando che potevo essere l'intermediario per ottenere nuovi contatti. In verità io avevo ben chiara questa situazione e cercavo di usarla a mio vantaggio. La bella relazione umana con tutta la gente del posto, che alcuni chiamerebbero "indios" o "avventurieri" del più profondo stile "amazzonico" e con i quali ho sentito un vero senso di amicizia, mi ha aiutato molto e perfino salvato.

Venni a sapere varie cose e la mia salvezza era quella di fare il tonto ed usare ciò come strategia di difesa. Il disprezzo che tutti avevano verso il boliviano, hanno completato il contributo al grande appoggio che ho ricevuto.

Pur rispettando la verità dei fatti, racconto ora le cose, lasciando in senso generale quanto potrebbe eventualmente compro-mettere qualcuno.

Sono venuto a sapere (a parte di averlo capito) anche il piano degli italiani, i quali decisero di iniziare a cercare situazioni per mettermi in colpa. Mentre iniziarono ad inviarmi sempre meno denaro di quanto richiesto e necessario, così da non potere portare avanti correttamente l'attività, iniziarono a chiedere giustificazioni sul non procedere delle cose. Giocavano anche con i miei soldi personali.

Seppi che, perfino, si informarono sulla possibilità di incontrare in zona un sicario a poco prezzo. In zona è certamente possibile e, soprattutto pensando ai prezzi europei, realmente mercato, però abbastanza più difficile se si è rispettati e protetti. Il boliviano, senza che lo sapesse, però credo che un certo timore lo aveva, era ben tenuto sotto controllo. Mancò veramente molto poco che non ricevesse qualche "avviso". Lui si che faceva bene a non lasciare la camionetta così come la lasciavo io.

Ricordo come una volta sollecitai agli italiani che per favore non tardassero ad inviarmi cuanto mi spettava, in considerazione che lo necessitavo per problemi di salute della famiglia. Come risposta ricevetti il commento di come poteva essere che io continuavo ad insistere senza considerazione alcuna, dato che loro (gli italiani) in quel mentre avevano la madre ammalata. Era vero, però mi chiedo chi dei due non aveva considerazione dell'altro... se avessero compiuto semplicemente con il loro dovere, rispettando gli accordi, sarebbero rimasti in pace, solo che non volevano. ... O forse l'unico che avrei dovuto dire alla mia famiglia, che soffrissero la fame solo perchè la madre dei fratelli proprietari di questa grande impresa, era ammalata.... Quanta mala fede disgustosa!

Seppi con abbondante anticipo che mi avrebbero proposto una visita alla mia famiglia in Uruguay, che da tempo non vedevo, per mandarmi li senza un centesimo e lasciarmi abbandonato. Facevo il tonto, però già avevo deciso, anche appoggiato dalla "mia gente" che non avrebbe fatto passare liscio un tratto tanto inumano ed irrispettoso verso di me, perfino delinquenziale. Cosí mi preparai. Giá avevo capito, come poi avvenne, che una volta assente, tutta l'attivitá sarebbe andata allo sfracello. Non è nel mio carattere di vantarmi, però il non dire nulla di quello che sapevo, a parte che a qualcuno dei miei "amici", faceva parte della mia strategia. Solo un certo prete, con facoltà apparentemente "extrasensoriali" che, come è tradizione locale, lo si consultava, aveva detto che io ero un pilastro essenziale, ma nessuno ci aveva fatto caso. Neanche funzionò molto l'opera dello stregone locale che offriva i suoi poteri con cerimonie basate su foglie di coca, candele, sigarette ed un sacco di altre cose tutte sue.

Di certo non potevo permettere i piani contro di me e certamente ormai i titolari e boliviano non erano meritevoli di rispetto alcuno. Neanche potevo ritornare a casa di colpo, senza un centesimo, mettendo la mia famiglia in problemi prima di riorganizzarmi. Perfino ricevetti avvisi dagli italiani ben prima che succedessero i fatti, che loro erano importanti nel settore della mia attività e ben difficilmente avrei potuto trovare altro da fare... in realtà sembra che la giustizia divina, che riconosce l'animo sano e quello che non lo è, pur facendo faticare il guadagnarsi le cose, attuò esatta-mente al contrario e mi trovai in condizione di dovere rinunziare ad alcune offerte di attività, per essere troppe.

...Così che giusto ben pochi giorni prima della prevista mia spedizione in Uruguay ed il giorno prima del quale avrei dovuto consegnare la camionetta ad un italiano della impresa, che stava arrivando (non mi avevano avvisato di questo, ma io lo sapevo)...

mentre ritornavo come sempre dalla cava... dei banditi mi assaltarono e mi sottrassero la camionetta, lasciandomi per strada... Successe a me ciò che in zona può succedere, come già raccontato.

È evidente che questa è una storia per nulla credibile e che se la avessi raccontata, rischiavo di rimanere preso, così, una volta raccontata per mail dovetti nascondermi. Passai pochi giorni così, sotto la protezione e passando da una casa all'altra dei miei amici. Nel frattempo il boliviano, furioso contro di me (ormai non gli servivo più) e colpito nel suo falso orgoglio di essere stato preso in giro, mise tutte le sue energie per trovarmi, incolparmi ed incarcerarmi... ma non sapeva con chi aveva a che fare (non parlo di me, ma della Comunità) e come lui stesso era tenuto sotto controllo. Anteriormente io stesso gli avevo dato false piste, raccontandogli dei miei possibili interessi ed attività varie, ma senza dire assolutamente nulla di quelle vere.

Così che cominciò a cercarmi da tutte le parti, anche in un'altra cava, ovviamente sempre in luoghi ove io non c'ero e senza sape-re come noi sapevamo tutte le sue mosse al millimetro... e nean-che il pericolo che lui stesso correva, nel caso che fosse riuscito a concludere qualcosa. Grazie alle sue conoscenze di avvocati e simili, riuscì a fare emettere un mandato di cattura e chiusura delle frontiere per me, senza sapere quanto ben poco allarmante era, nella situazione nella quale mi trovavo.

Vi furono degli ordini di perquisizione in certe case ove io avrei potuto stare, e così fu in certi casi, però gli agganci con la polizia, coinvolta in questo stile di vita cosi come è in certi racconti, era-no tali che sempre arrivava l'avviso con ampio anticipo, di dove sarebbero dovuti andare per ordine superiore e poi neanche andavano... quando una organizzazione funziona, funziona! Nel frattempo seppi che altri trasformarono totalmente la camionetta: cambio di colore, tappezzeria, paraurti; totalmente un'altra, che così si è potuta vendere con le modalità giá raccontate. Tolte le spese, i soldi furono offerti a me per potere ritornare tranquillamente a casa in Uruguay, preparare un mio ritorno tranquillo, e portare avanti le attività con altro spirito.

Durante il tempo dell'attesa io avevo poco da fare, a parte di esercitarmi a firmare con una firma uguale ad un documento brasiliano con una foto più o meno simile alla mia. In Brasile il documento di identità, sufficiente per stare in Bolivia, si fa una sola volta, da giovani, cosí che la foto di una persona giovane compensa possibili differenze. In realtà questo documento non mi fu mai necessario; però, per ogni evenienza ero diventato provvisoriamente un brasiliano (di cui non dico il nome) ovvia-mente solo in Bolivia... una volta in Brasile potevo ritornare sen-za problemi ad essere io stesso. La unica limitazione alla mia uscita dalla Bolivia era che, invece di farla in aereo, sarebbe stata via terra, raggiungendo il vicino Brasile ed, una volta lì, essere nuovamente "uomo libero" assolutamente in regola.

In questa zona di confine amazzonico e di contrabbando, con la polizia che arrotonda il suo misero stipendio, partecipando a queste operazioni, ben poche cose sono più facili. Qualunque punto della frontiera di centinaia di chilometri nella selva, è potenzialmente buono per passare da un lato all'altro senza controllo, con o senza mercanzia.

Però questo per me non è stato necessario, passando tranquil-lamente per la frontiera legittima. Anzi, arrivando in Brasile, ove mi presentai alla polizia di frontiera brasiliana per fare una entrata legale, non mi accettarono perchè tutti coloro che entrano in Brasile dalla Bolivia devono essere vaccinati contro la febbre gialla. Io lo ero, però il certificato che avevo era il boliviano e non l'internazionale. Così che dovetti ritornare nel lato Boliviano... Era domenica; il centro sanitario era chiuso. Ugualmente, informandomi, raggiunsi il funzionario addetto a casa sua. In cambio di una mancia fu ben contento di aprirmi la porta del suo ufficio e rilasciarmi il corrispondente certificato internazionale. Con questo ancora una volta passai la frontiera entrando così legalmente in Brasile.

Come arrivai alla frontiera e dove? Amici mi organizzarono il viaggio di circa 200 Km fino alla cittadina ove passa la linea di treno a metá cammino tra la capitale della provincia, Santa Cruz de la Sierra, e la cittadina di confine con Brasile, Puerto Suarez. Si chiama "Porto" perchè effettivamente vi è un porto, anche se nel cuore del

Continente Sud Americano. Dopo circa 3.000 Km lungo il rio Paranà, permette l'uscita al mare, nel Rio della Plata, viaggiando verso il Sud, attraversando tutto il Mato Groso. Un porto essenzialmente di chiatte e barconi, le navi più grandi non arrivano fin lì, comunque una via comunicazione soprattutto delle merci.

Il viaggio in camionetta con questi amici fino alla accennata stazione del treno, fu il più normale e tranquillo, per poi proseguire in treno per altre 10 ore circa fino la frontiera. Puerto Suarez è uno di quei centri abitati di frontiera, che sorgono metà da un lato e metà dall'altro lato. Conosco vari altri centri in questa situazione anche in altre parti. Anche se c'è un posto di controllo, la circolazione è praticamente libera, ed ancora di più la pedonale, e la gente si mescola senza problemi da una e l'altra parte. Così anch'io sono andato a mescolarmi tra i brasiliani, come la più normale delle cose, come passeggiare per le vie del centro di una qualunque altra cittadina del mondo. A parte il giá detto problema del certificato di vaccinazione, mi presentai la seconda volta alla dogana Brasiliana, alla quale non interessa per nulla la forma di uscita dalla Bolivia, per proseguire legalmente con il mio nome ed attraversare in regola tutto il Brasile verso il Sud. Due giorni interi di viaggio, senza soste, in comode e moderne corriere, furono necessari per raggiungere la frontiera con Uruguay e quindi (con altre 6 ore per attraversare l'Uruguay fino a Montevideo al Sud) la mia famiglia... mentre il boliviano ancora mi stava disperatamente cercando!

Ora i miei amici mi stanno aspettando. La selva tra quelle parti è ricca di minerali e pietre più o meno preziose, a parte del granito nero, altri graniti e marmi. Tra le pietre preziose e semipreziose vi sono smeraldi e topazio, oltre la famosa bolivianite, agata, ametista e varie altri e perfino smeraldi, oro, platino ecc.

La gente della selva in alcune zone ancora più isolate, raccoglie le pietre preziose e semipreziose e si pensò, una volta selezionata qualche zona, di aiutarla per farlo meglio. Allo stesso tempo organizzare centri di raccolta presso di loro per comprare a prezzo molto basso o barattare in forma molto conveniente. Per esempio, in cambio di una vecchia bicicletta, purchè funzionante, che si trova a ben poco prezzo, però molto ambita, si può ottenere minerale per un valore commerciale di mille dollari.

Questo per me è rimasta solo una possibilità per seguire con nuove cose. Adesso sto portando avanti molte attivitá nel Perù che vado percorrendo dalle più alte cave del mondo nello altipiano, fino al deserto della costa, dal Nord, al Sud, con varie attività nello stesso tempo.

Però non ho perso i contatti con i miei amici, veri amici che in questo mondo non è facile trovare ed ai quali dedico, per lo meno con il mio pensiero, questo scritto che ho cercato che rispettasse la realtà il più possibile. Così come è possibile che riesca ad organizzare le cose per avviare nuovamente l'attività del granito nero, questa volta, portata avanti con ben altro spirito, in un ambiente che, nel mezzo della gente semplice della selva anche se circondato, per lo meno come visto dal di fuori, da contrabbandieri e mafiosi, risulterebbe un esempio per il mondo intero.

Successivamente seppi che il Boliviano riuscì praticamente a rubare le macchine ed attrezzature messe a disposizione dagli italiani, mentre che almeno alcuni membri del gruppo degli italiani perdettero diciamo "categoria" nell'ambiente del settore, probabilmente anche per altri fatti del tutto indipendenti da quello raccontato.

SERGIO CUCCHIARA

www.ingramcontent.com/pod-product-compliance
Lightning Source LLC
Chambersburg PA
CBHW040314010626
45792CB00022B/297